秋風羽織の教え

人生は半分、青い。

マガジンハウス

２０１８年４月にスタートしたＮＨＫ連続テレビ小説『半分、青い。』のヒロイン・楡野鈴愛《にれのすずめ》の師匠として登場し、その強烈なキャラクターで、一躍、話題の人となった漫画家・秋風羽織《あきかぜはおり》。

その言動は一見、傲慢で傍若無人、やりたい放題のように見えますが、彼が放つ言葉には、仕事に対するまっすぐな姿勢やこだわり、弟子たちに対する深い愛情が込められており、迷いながら生きる多くの人々の胸に響く「名言」として、注目されました。

さて、本書は、秋風羽織のこれまでの言動を追い、さらに秋風羽織本人に独占・密着取材し、まとめたものです。「秋風ロス」に陥っている方はもちろん、本書で初めて秋風羽織を知ったという方も、ドラマだけでは知り得なかった「秋風羽織の真実の言葉」を、どうぞ、心ゆくまでご堪能ください。

秋風羽織の教え　人生は半分、青い。

contents

いつもポケットに秋風先生

「いつもポケットに秋風先生」の章は、永野芽郁さん、清野菜名さん、志尊淳さん、井川遥さんにご協力いただきました。

風《あきかぜ》羽織《はおり》

PROFILE

- 本名：美濃権太（みのごんた）
- 生年月日：不詳
- 出身地：大阪府東部の河内地方
- 家族：なし。独身。

略歴

日本の漫画家。リアルかつ叙情的な日常心理を描く、独特の表現手法は、１９８０年代以降、日本の少女漫画の世界に大きな影響を残した。代表作は*、『いつもポケットにショパン』『Ａ－Ｇｉｒｌ』『海の天辺』ほか多数。中でも『いつもポケットにショパン』は、累計５０００万部を超えた。大手出版社・散英社の新社屋は「秋風ビル」と呼ばれている。

デビュー以来、顔写真はもちろん、性別さえも非公開としてきたが、１９８９年に突如、「私の読者に会ってみたくなりました」とトークショーを開催。新聞広告に初めて顔出しし、男性、しかもオッサンであることが明らかとなった。

また、学歴・職歴についても謎に包まれていたが、弟子の楡野《にれの》鈴愛《すずめ》の友人である萩尾《はぎお》律《りつ》には、自らの下積み時代についても吐露している。それによれば、「美大に入り、絵を描き、周りのうまさにおののき、ドロップアウトして中退し、大阪で百科事典のセールスをしていた」。

また、漫画家を目指そうと決心したのは、30歳を目前にした、ある炎天下の昼のこと。「百科事典を売ってまわりながら、漫画家を目指そうと決心した」「その時にならないと、私の将

来の焦点は合わなかったわけです」と語っている。
その後、退路を絶つためセールスの仕事を辞め、バイトをしながら投稿を開始。クーラーもない、暑い部屋で、たらいの水に足をつけながら漫画を描いていた。30歳を過ぎてようやく散英社「月刊ガーベラ」でプロデビューしたが、初期には編集者に恵まれず、かなり苦しめられた。その才能が大きく開花したのには、現在の秘書である菱本若菜（ひしもっちゃん）のマネージメント能力によるところも大きいと言われている。

＊ 代表作の3作品についての真実は、127ページにて。

制作におけるこだわり

【リアルな表現のためなら、自分の家も焼く】

火事のシーンを描こうとして、自宅敷地内にある秋風ハウスを本当に燃やしたことがある。秘書の菱本によれば、「先生は、焼くためにあの家（秋風ハウス）を購入なさいました。消防署に消されましたが」とのこと。また、鈴愛が茶道のシーンを描くことになったときは、1カ月みっちり茶道教室に通わされた。しかし、そのためか、鈴愛は「1カ月後には、その漫画を描く気が失せていた」と語っている。

【漫画に合う音楽のテンポで描く】

「漫画には、音楽と同じように、リズムが必要」というのが持論。メトロノームでその漫画の内容に合ったテンポを鳴らし、そのテンポに合わせて描くよう、弟子にも強制（?）している。仕事場にもギターあり、ボロロンとやって、「今回の作品はCM7（シーメジャーセブンス）で」などと言ったりする。

【弟子への厳しい指導・ダメ出し】

弟子への指導は非常に厳しく、納得できるレベルに達するまで何度でもダメ出しをする。鈴愛の『月が屋根に隠れる』のネーム制作の際には、150回もダメ出しをした。

【創作の構想を練るときは、カウンターの下にもぐる】

構想を練るときは、リラクゼーションルームのカウンターの下にもぐり、膝を抱えて丸くなり、微動だにしない。深く自分の世界に入っているため、こうなると誰も声をかけられず、なかなか戻ってこない。

【原稿のそばにコーヒーを置く】

秘書の菱本曰く、「ドキドキするのが好きなんです。零《こぼ》れたらどうしよう、と。変態です。ヒリヒリする感じの中で描きたいのです」。

人物・エピソード

【家族】

家族はおらず、天涯孤独。妻も持たず、創作に打ち込んできた。

友人もいない。犬だけが友だち。「犬は裏切らないからいい」「俺をわかってくれる」と常々語っていたが、今はみな死んでしまい、飼っていない。一匹は、うさぎだったが。菱本曰く、「本当は先生、犬をまた飼いたいのに、死なれるのがこわくて飼えないのよ」。

【性格】

自他共に認める天才であるが、ヘンクツで編集者泣かせ。社会性はほぼないに等しい。漫画に関しては、一切の妥協を許さない。いいことを言うときは、「天才のレクチャーだ!」と弟子たちを呼ぶ。

しかし、ユーコやボクテがオフィス・ティンカーベルを辞めてからも、何かと陰で援護射撃を行うという、弟子思いのやさしい一面もある。

【健康状態】

40代半ばで、S状結腸ガンを発症し、手術をした。50歳で今度は直腸ガンにかかるが、早期発見であったため、内視鏡治療で回復した。

【金銭感覚】

払わなくていい税金は一銭も払う気がない。何をするにも必ず領収書を取る。

【方向音痴】

自称、「自慢じゃないが、天才にありがちな、超のつく方向音痴」。青山の自宅兼オフィスから、新宿までひとりで出ることができない。

【興味のないことは、まったく記憶しない】

忘れっぽい。最初に鈴愛に会ったときに漫画を見せられたことすら忘れていた。

【恋愛】

秘書・菱本若菜が恋人では？と噂されているが、憶測の範囲を出ない。

ちなみに、菱本若菜との出会いは、秋風がようやく中堅漫画家となった頃。当時、菱本は大手出版社・散英社の担当だったが、「編集長との社内不倫」というスキャンダルによって出版社に居づらくなった菱本を、秘書として雇い入れた。秋風が押しも押されもせぬ巨匠漫画家となったのには、菱本のマネージメント能力によるものが大きいと言われている。

【美少年はすべて「タジオ」と呼ぶ】

美しい少年は全て、映画『ベニスに死す』に出てくる美少年タジオにちなみ、タジオと呼ぶ。

【過去に飼っていたペット】

「犬だけが、友だちでした」。過去に飼っていたペットの肖像画（日本を代表する画家の作品）を、リラクゼーションルームの壁に飾っている。

左から時計回りに、マリリン、ちまき、ルティア、うさぎ。

【食へのこだわり】

食にも常にホンモノを求める。食べ物は、「何は、どこ」と決めている。たとえば、お茶は、京都宇治の手揉み玉露を愛飲。大福はよしや吉兆堂、シュー・ア・ラ・クレームは、プラン・ソレイユ。ひつまぶしは、蓬昇軒（それも、名古屋の本店）でしか食べない。

一方、鈴愛の祖父が作る五平餅や、鈴愛の実家の「つくし食堂」の家庭的な料理も大好物。鈴愛の祖父・仙吉と酒を酌み交わすのが好きで、ふらりと岐阜を訪れたこともある。

【音楽へのこだわり】

クラシックやロックなどへの造詣も深い。特にクラシックコンサートは、座席にも強くこだわる。たとえば、「サントールホールは、ＬＣブロック３列の９番しか座らない」。

【ファッションへのこだわり】

ロン毛でサングラス、もしくは色つきの眼鏡が定番。洋服は、基本、黒のデザイナーズブランドのものを愛用。ク◯と書いてある。着物もたしなみ、「富士山から西は、和装で行く」と昔から決めている。

オフィス・ティンカーベルとは?

港区の某所にあり、お洒落なデザイナーズマンション風の一軒家。秋風羽織の仕事場と居住スペースを兼ねる。鉄筋コンクリート造・3階建て。推定評価額12億円。

［ 秋風邸 ］

［ 秋風ハウス ］

オフィス・ティンカーベルに隣接、
ユーコ、ボクテ、スズメの3人が住んでいた。
炊事場、バランス釜のお風呂、トイレは共用。
各部屋には、最低限の家具も完備。

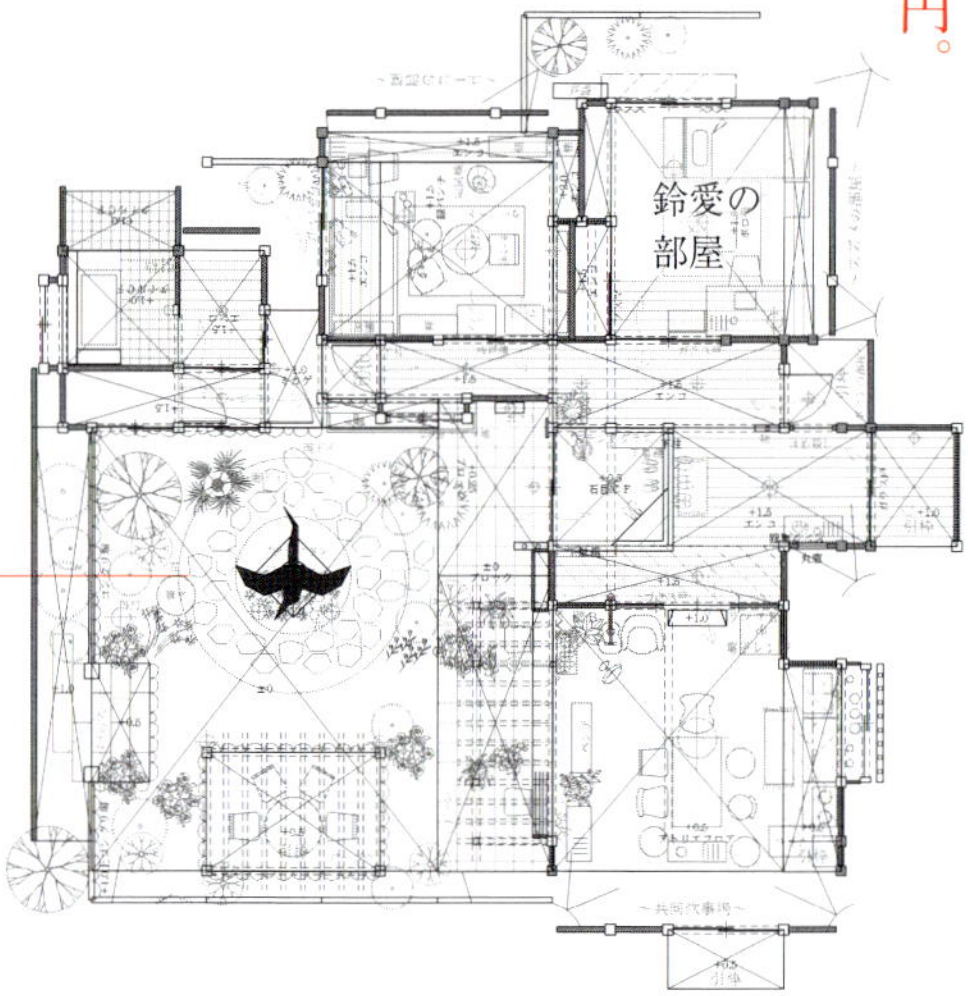

［ 中庭 ］

通称「プテラノドンの中庭」。もっとも美しい恐竜と言われるプテラノドンと、壺のトピアリーがある。みんなの憩いの庭。

オフィス・ティンカーベル

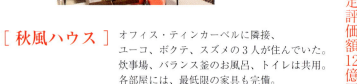

[秋風邸平面図]

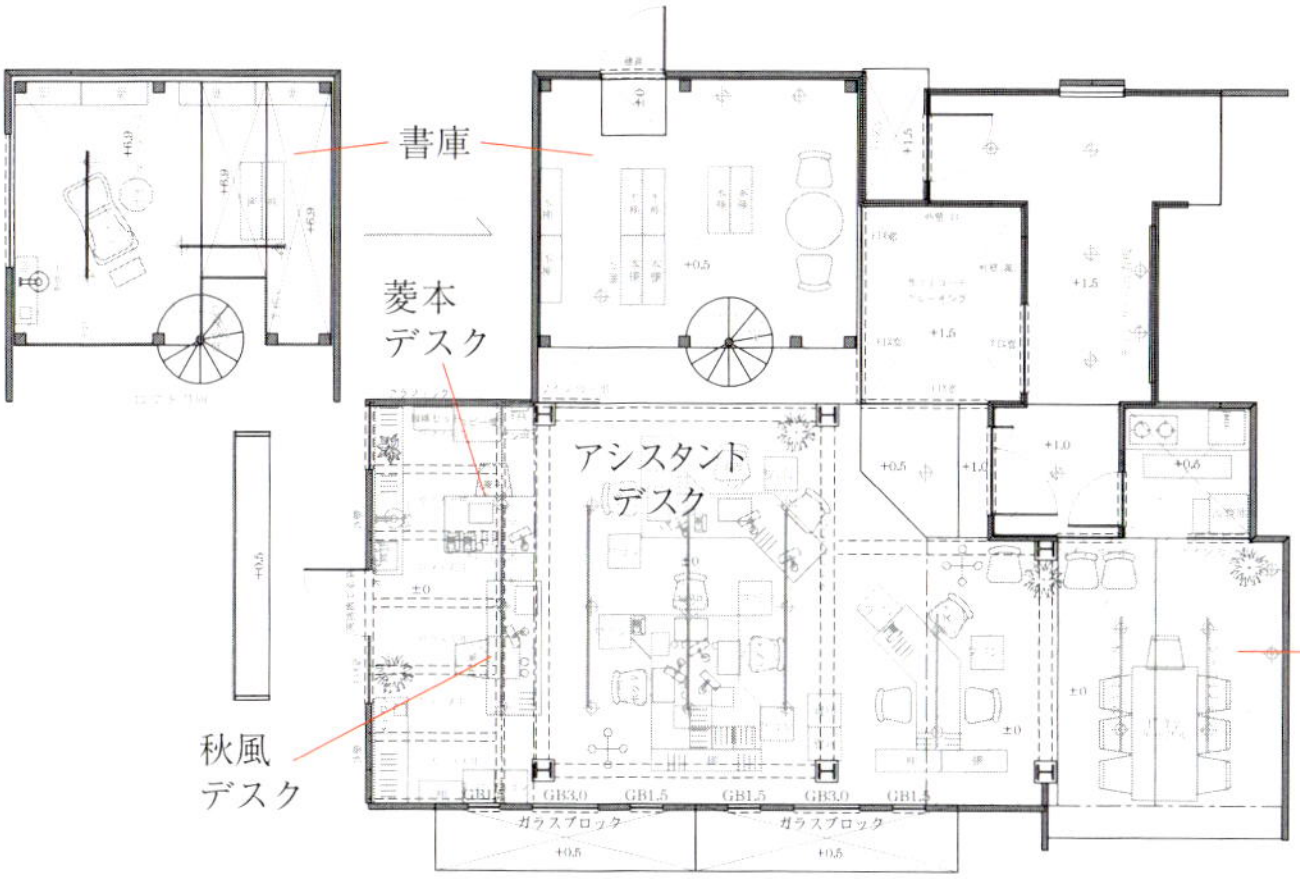

[3F]

オフィス・ティンカーベルの仕事場。

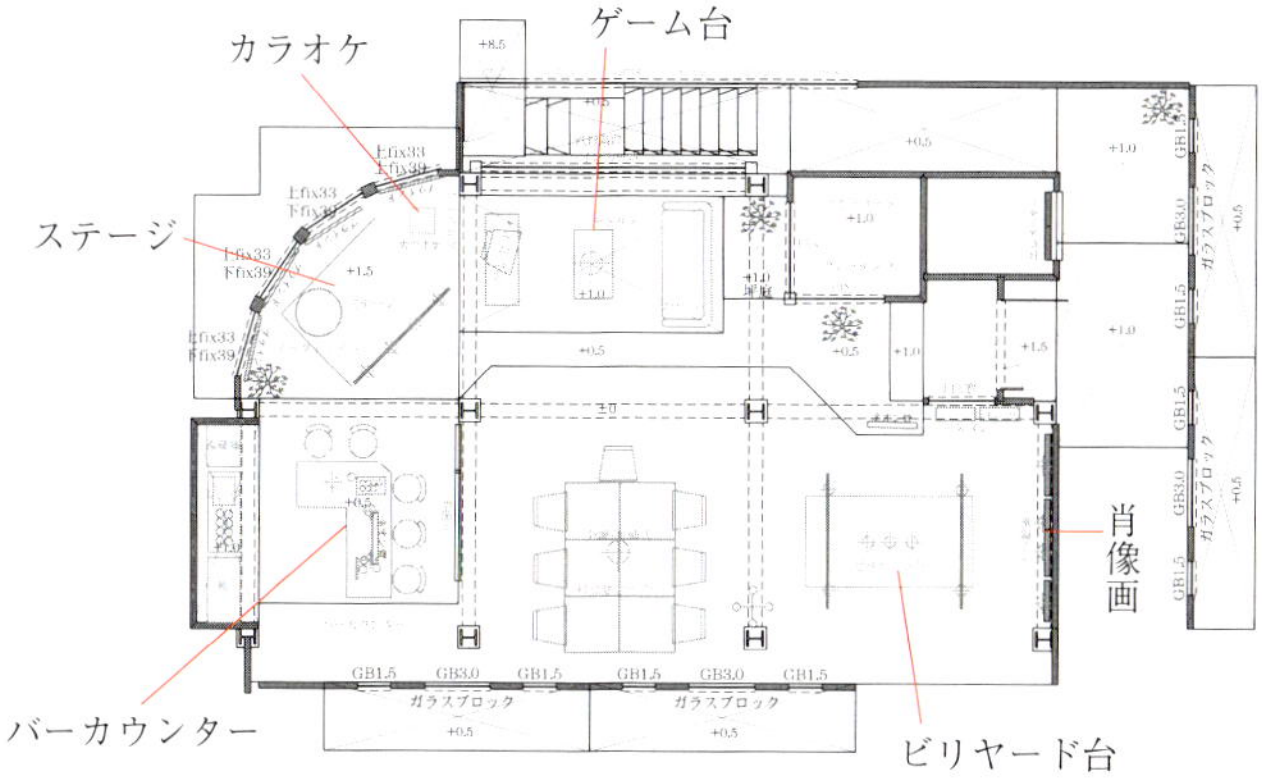

[2F]

リラクゼーションルーム。バーカウンター、ビリヤード台、ゲーム台などを完備。壁には、犬の肖像画が3枚と、うさぎの肖像画1枚。

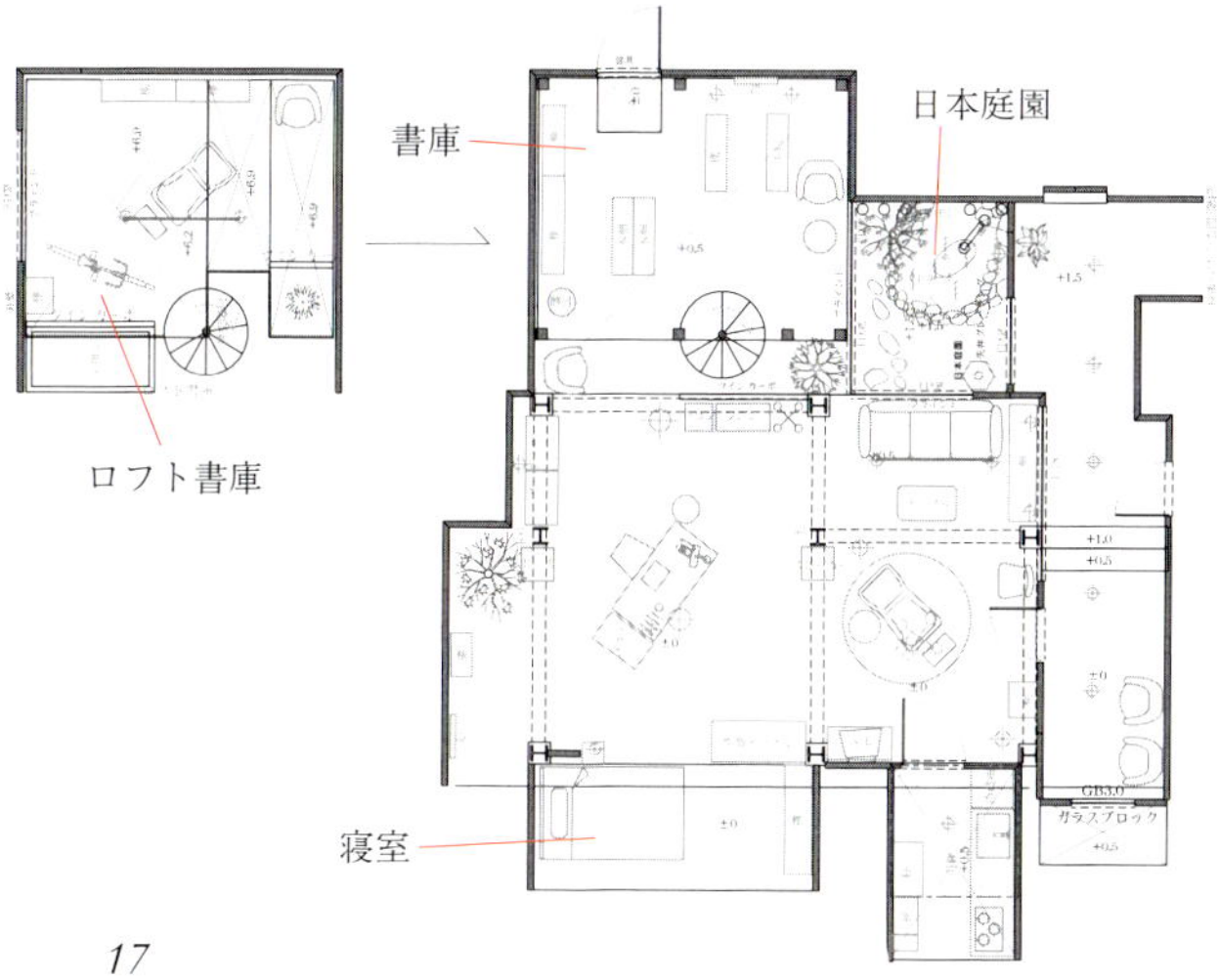

[1F]

秋風羽織の居住スペース。(寝室など。他人は入れない)

秘書

菱本若菜《ひしもとわかな》

秋風羽織とピンクハウスの服をこよなく愛する。美人で頭の回転が速く、怒ると超早口で理路整然とまくしたてる。秋風と男女の仲なのかどうかは、謎。

ちなみに、菱本若菜は、子供の頃から成績優秀で、お茶の水女子大を卒業後、難関を勝ち抜いて出版業界最大手の散英社に入社。その美貌で、一瞬は注目されたものの、真面目過ぎる性格と、ラブリー過ぎるファッションのため、オトコたちを遠ざけてきた。仕事はできるが、男っ気のないまま27歳になったとき、ようやく恋におちたが、相手はなんと妻子持ち。しかも、編集長。2人の不倫関係が明るみになると、自分の出世のために手のひらを返して保身に走った。会社にいづらくなった菱本を救ったのが、その頃、菱本が担当していた中堅漫画家の秋風羽織だった。

3人の弟子

ユーコ（小宮裕子《こみやゆうこ》）

東京・世田谷出身のお嬢様だが、両親とうまくいっていないらしく、いつもクールで人になかなか心を開かない。実家に居場所がないと感じ、自立と「自分の居場所」を求めて漫画家を目指す。才能はあるが、スランプに陥り、後にインテリア会社社長と結婚、浅葱《あさぎ》姓に。1子をもうけて幸せなセレブ生活を送る。代表作は、『5分待って』。

ボクテ（藤堂《とうどう》 誠《まこと》）

ゲイの美青年。「ボクって…」が口癖なのでボクテと呼ばれている。アマチュア時代に「金沢の鬼才」と呼ばれたほどの実力を持つが、親からは「早く結婚して家業の呉服屋を継げ」と言われている。さまざまな人生経験をしているせいか、言うことが結構深い。代表作は、『女光源氏によろしく』。

スズメ（楡野《にれの》鈴愛《すずめ》）

1971（昭和 46）年７月７日、岐阜県東部の東美濃市梟町に楡野家の長女として誕生。温かな人たちに囲まれすくすく育ち、大胆なひらめきで、思い立ったら即実行。失敗しても「やってまった」（＝やってしまった）と明るくやり過ごす。小学３年生のとき、左耳の聴力を失うが、雨音が片側しか聞こえないことを面白がり、雨上がりの青空を見て「半分、青い。」とつぶやくような、ユニークな感性で前向きに乗り越える。勉強は苦手だが、絵を書くことが得意。代表作は、月刊ガーベラ大賞新人賞を受賞した『一瞬に咲け』。

秋風塾とは？

秋風が、全国から弟子を募り、少数精鋭で開いたプロの漫画家を養成する塾。塾生たちは、住むところ（秋風ハウス）とお給料をもらう代わりに、秋風のアシスタント業務を手伝いながらレクチャーを受ける。そもそも総勢８名の塾生がいたが、「エッジの効いたオタクばかり」でケンカが絶えず、辞めさせられたり、尻尾を巻いて逃げ出したりして、残ったのはユーコとボクテの２人だけ。そこへ、塾生たちの潤滑油や雑用係として雇われたのが、スズメだった。

秋風羽織の教え　1

とことん、もがきなさい

アヒルの子の中には、白鳥もいるでしょう。

私は醜いアヒルの子。

秋風羽織、真実を語る！

これは、私が初めて開いたトークショーでお話しした言葉、だったと思います。

あの会場にお越しいただいた皆様には、つまらない話を聞かせてしまい、大変申し訳なかった。あのときの司会の方が、私とは会話が成立しない方、と申しましょうか。この秋風羽織に対し、「漫画家の方たちは……」などと、十把一絡げで質問をされるような方だった。

ああ、この方は、何もおわかりでない、と感じました。そこで、童話「醜いアヒルの子」を例にして、やさしくご説明したのです。

漫画家の方にも、いろいろいましょう。中には、「漫画家の方たち」と称されることに、憤りを感じない方もいるでしょう。しかし、一流の方、自身にプライドをお持ちの方であれば、おわかりのはずです。自身が、唯一無二の存在であることを。

私は、自分の弟子たちにも、常に真摯に、そしてプライドを持って創作をし、生きるよう、教えてきたつもりです。

「たち」などと言われる存在で、甘んじていてはいけない。

ひとことで言って先生にとって、漫画とは何ですか？

言いたくない！
ひとことで言えるようなものなら、
私が命を捧げるわけがない！

作品では裏切らない。
また作品の中でお会いしましょう。それが、
私の真実の言葉です。
そして正解は、いつだって一つだと思っています。

それを探しています。
漫画を描くことは、みなさんと魂でつながることであり、
自分が何であるかを
知る旅です。

織

人、それぞれ、気持ちがありますのでね。
それが、この世の面白いところ。

秋風羽織、真実を語る！

世の中には、いろいろな考え方の人がいます。
それは、その人が生きてきたなかで芽生え、育まれてきたもの。
他者が正しいとか、間違っている、などと評価するのはナンセンスです。
むしろ、いろいろな考えや、気持ちがあるからこそ、
この世は面白い、と私なんかは思います。

私は左の耳が聞こえないから、人と違ったものが描ける！
人と違った世界を知っているから、
オリジナルのものが描けるとでも？
いいか、そういうことに

甘えるな！

経験があるから描ける、ないから描けない、
自分の境遇は描ける、そうじゃないものは描けない、だと描くものは狭まる。

要は想像力だ！

それがあれば何だって描ける。

想像の翼は、
どこまでも飛び立つ！

秋風羽織、真実を語る！

鈴愛さんが上京してティンカーベルに来たとき、彼女は私に、左耳が聞こえないことを、とても重々しい面持ちで報告しに来ました。

私に言わせれば、だからどうした？　人と違う世界を知っているという自慢か？　だから面白い作品が描けるとでも言いたいのか？　という話です。

そういうことに、甘えないでいただきたい。経験があるから描ける、ないから描けない、では描くものは狭まります。想像力があれば、何だって描けるのです。

もちろん、経験も大切です。想像はリアルな経験に負ける。これもまた、真実だからです。

しかし、経験豊富なほうがいいものが描ける、というわけではありません。たった1つのリアルがあれば、100のことを描く種になる。それが、想像力の翼を広げるということだ、と私なんかは思います。

漫画家にとって、「想像力」と「リアルな経験」は、創作の両輪と言えましょう。

まあ確かに、片耳が聞こえないということは、物語をつくる上で、いいフックになるかもしれません。彼女の世界は人と違う。そういう意味では、正直、ちょっとうらやましい。私なら最大限にその経験を活かすでしょう。

パードゥン？
何を言っていらっしゃる？
君のその手は、五平餅を焼いても、ペンを持つことはない。
消しゴムすら持たない。あなたはメシアシです。
永遠に、メシアシ。

炭水化物要員だ！

憧れだけでは、メシは食えん。

漫画家は、過酷な職業だ。
空を見ない日が、土を足で踏まない日が続く。
ただひたすら机の前で、
頭の中で物語をつくることだけで
時間が過ぎていく。
こんな小さな紙が世界の全てだ。

壊れるぞ！

お前に、
その覚悟があるのか？

やって、まった……。

秋風羽織、真実を語る！

あれは秋風羽織、一生の不覚です。せっかく描いたネームを紛失してしまい、鈴愛さんがゴミと一緒に捨てたと思い込んで、追い出してしまいました。

ところが、ネームは自室の電子レンジの中にありました。鈴愛さんは無実だったのです。あの日、ネームを書き上げて満足した私は、焼酎などを飲んでしたたかに酔い、「我ながら天才」と悦に入っておりました。そして、冷凍ピザを電子レンジでチンとやって取り出し、どういうわけか、ネームを電子レンジに入れ、今度は、それをチンしようと……。

こう言っては何ですが、天才とはしばしば、理解しがたいことをするものです。また、創作にものすごい集中力を発揮する分、創作以外のことに関しては、みごとにすぐ忘れてしまいます。しかし、問題はそこではありません。

私は自ら岐阜の山奥にある鈴愛さんの実家に出向き、頭を下げて謝罪しました。鈴愛さんは、こともあろうか、その姿をインスタントカメラなんぞで何枚も撮り、その後もことあるごとに、その証拠写真の存在をチラつかせたのです。まさに、秋風羽織、一生の不覚。そんな無礼を私にする人間は、後にも先にも楡野鈴愛、ただ1人でしょう。

美しい、ということは、それだけで、価値があるのだ。

秋風羽織、真実を語る！

私は、世の中は決して平等ではない、と思っています。

たとえば、律くんは美しい。私は、映画『ベニスに死す』に登場する美少年になぞらえて、美少年のことをすべてタジオと呼んでいます。いけませんか？　律くんは、まさにタジオだ。だからこそ、時給２０００円という高額報酬で、クロッキーのモデルをお願いしました。美しいというだけで、人には価値があるのです。

実際、鈴愛さんが汗水たらして１００円ショップ大納言でバイトをしても、時給８００円。律くんは、ただ黙ってじっと座っているだけで時給２０００円。世の中には、こうした格差が歴然と存在します。決して平等ではない。

にもかかわらず、今の世の中、ともすればみんな平等だ、人に優劣はない、などと格差をやたらとオブラートで包みたがる風潮がある。「美しいことには、それだけで価値がある」と言っただけで、「美しくないものには、価値がないというのか！」と怒り出す人までいるでしょう。格差はある。人は平等ではない。そこは認めましょう。

では、自分はどう個性を出せばいいのか？　納得いく自分を、努力して勝ち取ればいい。それが生きるということだ、と私なんかは思います。

真剣にぶっつづけで10時間もやれば、

人は変わる。自信が持てる。

秋風羽織、真実を語る！

ガンが再発し、自分がもう死ぬのだと悟ったとき、私は人を育てたい、蓄積してきたテクニックやノウハウを、後に続く若い人たちに残したい、と強く思い始めました。なぜ、そう思ったのか？　自分でもはっきりとはわかりません。もしかすると、生と死を繰り返しながら遺伝子を次世代に残していく、生物としての本能だったのかもしれません。とにかく、そうしたい、そうしなければ、という思いがむくむくと湧き上がってきたのです。

もうひとつ、思い当たることがあります。

人は、真剣に取り組めば、必ず成長できる。私は、そう信じています。ところが、先が見えない苦しい日々の中で、自分自身を信じ続けることができなくなり、道半ばで諦めたり、妥協をしたり、間違った方向に進んでしまうケースも、決して珍しくありません。実際、そういう人を、私はたくさん見てきました。なんとか正しく人を育てられないものか。守れないものか。

私なら、自分を信じる力を守り、育んでやれる。私は、秋風号という強い船になり、漫画界という大海原に出ていこうとしました。３人の弟子をその船に乗せて。

余計なことする時間も、
回り道も、あっていい
と思います。

いろんなことがあって、
すべてが、今につながっていく。

あなたのように、
感じたり考えたりして生きていくのなら、
それは、実りのある時間だ、
と私なんかは思います。

秋風羽織、真実を語る！

私は、ここに来るまで、たくさんの回り道をしました。

美大に入ったものの、周りの絵のうまさにおののき、中退して、大阪で百科事典のセールスマンをしていた時代もあります。ようやく漫画家としてデビューしてからも、編集者に恵まれず、こんなものを描け、あんなふうに描けとわけのわからない指図をされ続け、今思えば、ただ疲れるだけの、徒労の日々を送っていたこともあります。

苦労話を聞いてほしいわけではありません。そもそも、苦労をした人が偉いなんて思っていません。ただ、いろんなことがあって、すべてが今につながっている、そう思うのです。

人生とは、結局、その時々で自分が何を感じ、どう考えていたのか、の連続です。楽しい時間ばかりだと、それはそれで幸せだろうけれど、豊かな人生だとは私は思わない。むしろ、苦しいこと、つらいこと、いろいろな思いのバリエーションがあったほうが、楽しい時間をよりリアルに感じられる、そういうものだと私は思います。

だから、どんな時間でも、決してムダではない。あの頃のことは忘れてしまいたい、汚点だ、と思うような時間でも、なかったことにせず、しっかり抱きしめて、慈しんであげたほうがいい。それが、あなたの人生をより豊かなものにします。人にも優しくなれましょう。

五平餅は"真実の食べ物"です

このレシピは、五平餅好きの秋風先生のために、鈴愛と同じ故郷、岐阜の"あっちゃん"より寄せられたものです。仙吉さんの味に近い、と私（←誰？）は思います。

五平餅のつくり方 うちの味

1 お米を炊く

お米は普段食べているお米で大丈夫。

コツは少し硬めに炊くこと。

焼く時に串からはがれにくくなりますよ。

うちではだいたい一人前(二本)で一合です。

大きいように思うけどペロッといけちゃう不思議…

うちは自家製味噌3
市販の赤味噌2です。

2 味噌ダレを作る

材料（30本分くらい？）

- 味噌 大さじ5
- 砂糖 1カップ強
- みりん 100cc
- 酒 50cc
- ピーナッツ（無塩） 200g
- くるみ 100g
- 白すりごま 100g

①ピーナッツとくるみをフードプロセッサーでそれぞれ細かく砕く。
②すり鉢にうつし入れ白すりごまを加えてすり混ぜる。
③みりんと酒を加えてさらにすり混ぜる。
④味噌と砂糖を加えてよくすり混ぜる。
⑤お湯（1～2カップ）を少しずつ加えてのばす。

固すぎると塗りづらく
ゆるすぎると焼く時に
落ちてしまいます。
ゴムベラですくった時にタラーッと
すぐに落ちないくらいかな？
ジャムとカレーの間みたいな??

真実の食べ物?!
ばあちゃんは いつも目分量です♪
(この分量も隣で見ていて「このくらいかな？」という目測りです)
でも それが、それぞれの"家庭の味"に
なるのかなぁ と思います。ので、
皆さんの美味しいように作って下さいネ。
味見が大事ですよ～♪

3 ご飯をつく

炊きあがったらすぐにすりこぎやめん棒でつきながらつぶします。

ご飯粒が半分残るくらいまで。すりこぎにご飯がまとまってくっつくようになったら球状のおにぎりにします。

1個がお茶碗大盛1杯分
つぶす人とお釜を押さえる人の2人でやるといいですよ
ヤケド注意!!
おにぎりにもあまり水がつかないように
力を入れてギュウギュウにぎりましょう!

4 串につけて成型する

串は乾いたものを使います。

水でぬれていると焼いてるうちに餅がはがれてしまうからです。

餅に串を埋め込むように差し入れはがれないようにギュッと棒状に握り型に入れて押します。

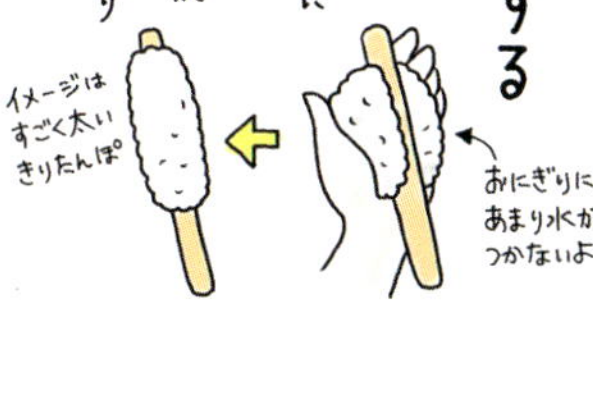
イメージはすごく太いきりたんぽ

型にラップをしいてその上に餅を置いたらラップで包み
ラップの上から型押しする

4（続）串につけて成型する

串や型は岐阜の道の駅や通販でも売っていますが、割りばし等で代用できます。

五平餅は地方によって形が様々。好きな形で作ってみて下さい。

5 下焼き

タレで餅がくずれてしまわないように両面素焼きします。全体的にふっくらとしほんのり焼き色がつき手で触ってもベタベタしないくらいまで焼きます。本来は炭で焼きますが家庭ではトースターやテフロン加工のフライパンがお手軽です。

6 味噌ダレをつけて焼く

両面にたっぷり味噌ダレをつけ余分なタレはたたいて落とします。砂糖も入った甘い味噌ダレなのでとても焦げやすいです。目を離さずひっくり返して下さい。ほどよく焦げ目がついたらできあがりです。

家庭ではガスレンジの魚焼きグリルがオススメです。火力が強く炭火に近いのです。その分、焦げやすいので、こまめにのぞいて下さいね。

秋風羽織の教え 2

本気で恋をしなさい

生きて生きて生きてやる！

神に選ばれたものだ。
この私が死ぬわけがない。
寝言は、寝てから言ってくれ。

秋風羽織、真実を語る!

初めて菱本に「ガンが再発してるんですか?」と問い詰められたとき、私はウソをつきました。すでに余命わずかと覚悟しており、もはや生への執着などない、と達観した気分でいたのです。太宰は38、芥川は35で亡くなった。私は50を過ぎた。もう十分だ、と。

ところが、「この私が死ぬわけがない」と口にした途端、死への恐怖や、生きたいという思いが、どこにあったのか、自分でも呆れるほど、怒濤《どとう》のごとくあふれてきたのです。

気がつけば、「少し、旅に出る」とだけ書き置きして、岐阜のつくし食堂の前に立っていました。妻も持たず、家庭も持たず、仕事一本でやってきた私には、家族みんなが仲良く暮らすあの場所は、桃源郷のようなところです。そこに住む仙吉さんという、物静かで見識豊かな長老に、甘えたくなったのかもしれない。あるいは、救いのような、啓示のようなものを求めていたのかもしれません。

仙吉さんたちの温かいもてなしが、ふき味噌や五平餅の美味しさが、浸みました。本当にありがたかった。おかげで、東京に帰る頃には、少し元気になっていた。そして、漫画の神様に愛されたものとして、この世に私自身(弟子)を残したい、それまでは、生きて、生きて、生きてやると、心に誓ったのです。ところが……! (53ページへ続く)

私は、病の、死の恐怖を忘れ去ることができない。
しかし、それを思い出さないでいることはできる。
何によってか？
それは、漫画を描く、ということによって。

創作という魂の饗宴の中で、
私は、しばしば病を忘れる。私は思うのです。
人間にとって創作とは、神の恵みではないか、と。

みな、踊れ！

踊るように描け！

地を這う蟻になるな！

天をかける龍になれ！

秋風羽織、真実を語る！

驚きました。ガンは再発ではなく新しいものでした。しかも早期発見。助かったのです。私は弟子たちに報告し、いいことを、いっぱい言ってやりました。ところが、アイツだ！「お話し中すみません！　私、お母ちゃんに、あと、オジーちゃんに、あと、ワコさんとナオ……、電話してきます！　先生の手術、うまくいったって。みんな心配してる！」

今だから、申しましょう。私はあのとき、こう思っていたのです。ああ、いいときに、人の話をぶった切って邪魔をするアイツが、もちろん頭に来るが、私は全然嫌いじゃない。ドチャクソ好きだ。面白いじゃないか！　楽しいぞ！　私は生きている！　と。

秋風羽織の教え

14

なんじゃこれ。こんなセリフ、
生きてて人が言うか?!

何のために生きてるんだ、
マンガのためだろ。

何を言っとんじゃ、われ。
一回死んでこい。

お前のその、鳥の脳味噌くらいの頭を、
有効に使わないでどうするんや?

うわっつらな言葉を並べても、感動を与える作品はできない。

私はそれを弟子たちに伝えたい。

7/5

「今度一緒に」って言って
「いやだよ」という男性は、この世にいない。
「暇になったら電話するね」と言われたら
その人は一生暇にならない。
人は、中学3年過ぎたら、
社交辞令ってものを身につけるんだよ。

恋をしろ。

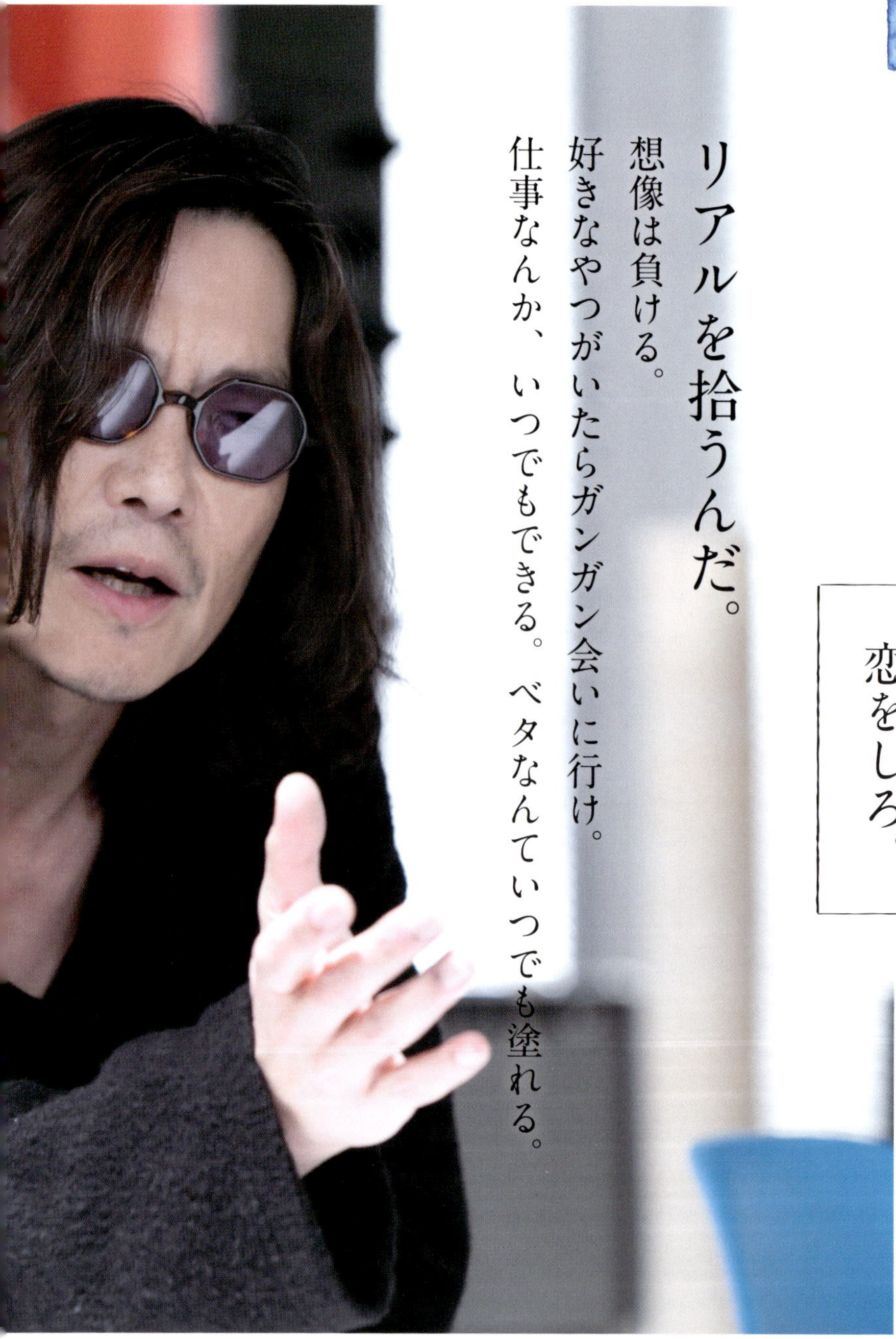

リアルを拾うんだ。
想像は負ける。
好きなやつがいたらガンガン会いに行け。
仕事なんか、いつでもできる。ベタなんていつでも塗れる。

空想の世界に生きてるやつは弱いんだ。
心を動かされることから、逃げるな。
そこに真実がある。
いいか、
半端に生きるな。

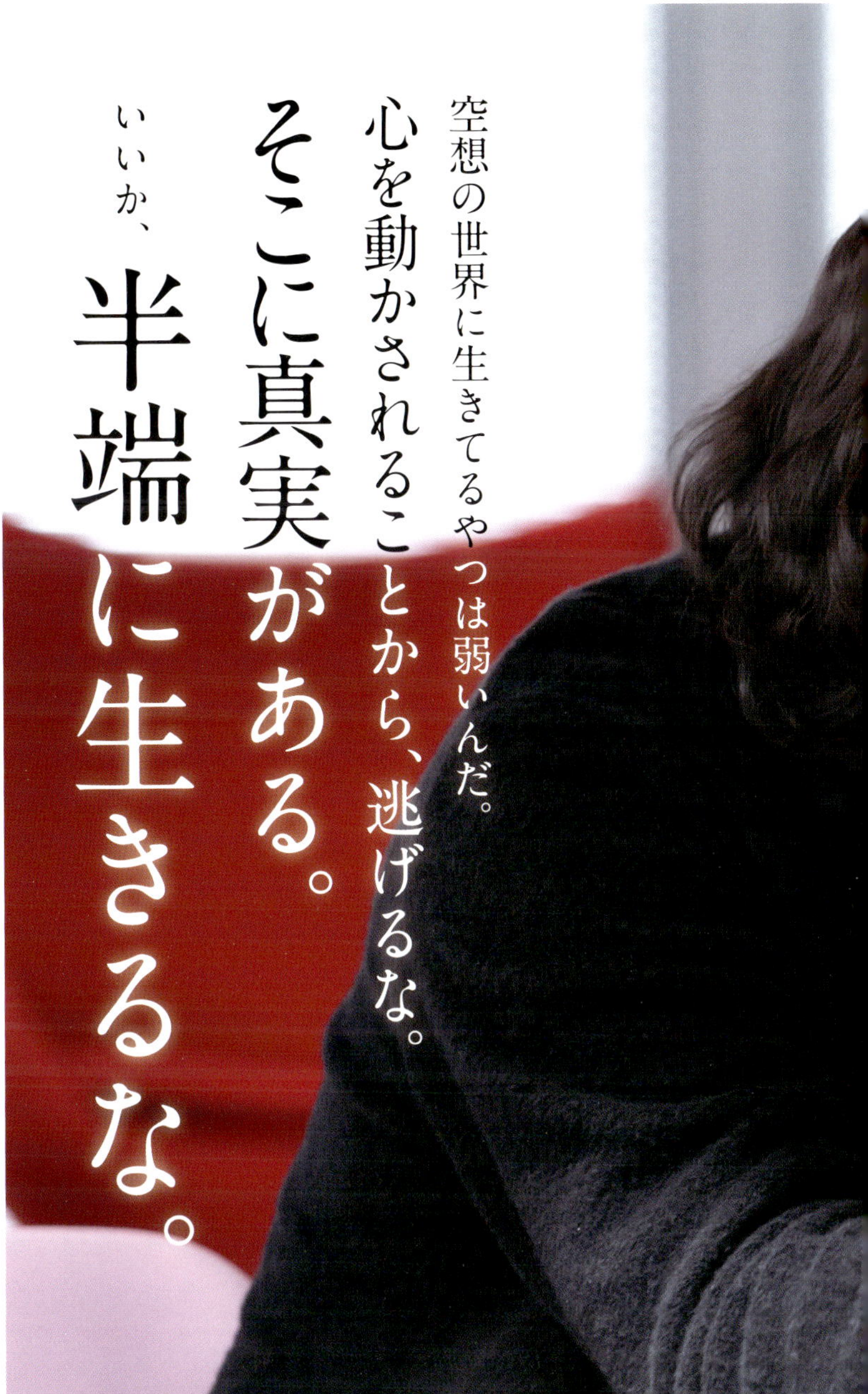

創作物は、人が試される。
その人が、どれだけ痛みと
向き合ったか。
憎しみと向き合ったか。
喜びを喜びとして受け止めたか。

逃げるな！

秋風羽織、真実を語る！

自分の気持ち、感情とガチで向き合うということは、簡単なことではないかもしれません。しかし、感情というものは一過性です。後になって思い出そうとしても、もう、そこには残骸しか残っていません。だから、何か強烈に心が動いたときは、傷つくのが怖いからといって見て見ぬふりをしたり、忙しいからといって後回しにしたりしては、絶対にいけません。そんなことをすれば、人生そのものが、ぼやけてしまいます。

うれしいも、悲しいも、悔しいも、グラッと大きく心が動くような現実は宝物です。生きている証拠です。それが、架空の物語に息吹を与えます。

恋も、してみないとわからない。相手は、あなたに思わぬことを言うでしょう。あなたも、思わぬひとことを言うかもしれない。

ケンカとか、別れる・別れない、ふる・ふられるといった修羅場も多いので、心が一番剝《む》き出しになります。そのときの感情は、実際に試してみないとわからないのです。

ですからどうぞ、クリエイターはもちろん、そうでない人も、リアルな恋をたくさんしてください。つらい恋でも、恋は恋、なのです。ま、私の恋については、また今度……。

秋風羽織の教え
17

脱水症状になるほど、泣く失恋か。
いいじゃないか。
おおいにいいじゃないか。

死んだか？
五平餅のじいさん
死んだか?!

秋風羽織、真実を語る！

物語は、心がダメージを受け、弱っているときに、生まれる。心が柔らかくなるからです。ラブストーリーも、大きな失恋をしたときにこそ、描けるのです。だから、泣いてないで、泣いててもいいから、描いて描いて、描くべきだ。

鈴愛は私を「鬼」と呼びますが、鬼、上等です。「いい歳をしてひとりもんで、家庭もなくて、友だちもいない」「漫画のために人の心を捨てた」とも言っていましたね。ご冗談を。人の心を捨てて、リアルなラブストーリーが描けると思いますか？

ここだけの話ですが、私だって、恋をしました。けっこうもてました。突然終わった恋も、ありました。そんな恋の記憶を胸の奥から取り出せば、今だに、涙がこぼれ落ちてしまうかもしれません。私は粘着質なところがあり、綺麗な別れができません。ストーカーじみたことも……ううん（咳払い）。

ま、しかし、物語には、物語をつくることには、人を癒やす力がある。それは神様の恵みです。だから、人は物心がつくかつかないかの頃から、物語が大好きなのです。昔々、で始まる絵本を、あなたも読んでもらいませんでしたか？

秋風羽織の教え 18

――自分の心を見つめ続けることが創作の原点なら、
これは苦しい仕事ではありませんか？

見つめている時はな。
だが、それが、美しい物語に昇華した時に、
そして、多くの読者が読んでくれた時に、

君のその心も癒やされるのだ。

楡野、描け。
泣いてないで、
いや、
泣いてもいいから、
描け、
マンガにしてみろ。
物語にしてみろ。
楽になる。救われるぞ。

創作は、物語をつくることは、
自身を救うんだ。私は、そう信じてる。

物語には、
人を癒やす
力があるんだ。

秋風羽織の教え

20

才能の芽も、水をやり、良質な光をあてなければ、つぶれる。

きちんと、育てなければいけない。
仮にも、彼、彼女らは、「漫画家」などという、
食えるか食えないかわからない、
不確定なもののために、
自分の安定した人生を、捨てたわけです。
安泰な道を捨てる決心をした。
その勇気ある決断を、誠意をもって、
迎えなければならない。

秋風羽織、真実を語る！

せっかくです。ここでもうひとつ、本音をお話ししましょう。

私は弟子を育てると決意し、秋風塾を開きました。人を育てたい、育てられる、育ってくれると信じていたのです。

しかしながら、結果として、3人の弟子の中で今も漫画を続けているのは、ボクテ1人だけです。ということは、私のやり方が間違っていたのかもしれない。そもそも、私が人を育てるのに適した人格であったのか、ということさえも、今となっては、はなはだ疑問です。

優れたアスリートが、優れたコーチになるとは限らない、と言いますが、私は自身が天才であるがゆえに、人が自分と同じようにできるはずだ、と盲信していたのではないか。

考えてみれば、私が一番急成長をしたのは、担当編集者が菱本となり、無条件で私を信じて、やりたいようにやらせてくれたときだった。弟子たちにも、「自由にやってみろ」と任せるべきではなかったのか。『月屋根』を150回直させてしまったことを少し悔いています。

でも、ここで頑張ったことが3人の糧になればと思います。

頑張っているものは報われる。

私はそう信じている、違うか？。

秋風羽織、真実を語る！

調子のいいときに頑張る、ということは、誰にでもできましょう。しかし、調子が悪いとき、スランプに陥ったときにさえ、自分を投げず、頑張り続けるのは、非常に難しい。誰にでもできることではない、と思います。

そういう意味で、私は3人の弟子たちを、手放しで褒めてやりたい。彼らは、漫画家としても、自分自身の人生を生きるうえでも、どん底にいるときでさえ、よく頑張った。

当初、私は漫画家としての成功しか視野に入れていませんでしたが、生きる道が違っても、それぞれが選んだ人生の中で、とてもいい顔をしている。やはり、どのような状況でも頑張り続けたものは、必ず報われるのだと、改めて思います。

お前の気持ちが今、そうなら、それも正解かもしれない。

秋風羽織、真実を語る！

鈴愛は当初、『月が屋根に隠れる』という作品で、ガーベラ大賞新人賞に応募するはずでした。タイトルもいいし、着想も、アイデアも良かった。ところが、鈴愛は物語をつむぐ力が弱い。それが、結局最後まで彼女を苦しめる結果になったのですが、私はそこを、何とかして育ててやりたかった。そこで、厳しく指導するうちに、いつのまにかダメ出しが100回を超え、主人公も女から男へ変わり、さらには犬目線の物語に変わっていました。要するに、よかれと思っていじり過ぎ、2人一緒にゴールのない迷路にはまり込んでいたのです。

ところが、そんなある日、鈴愛が突然、吹っ切れたように、応募作品を別のものに変えたい、と言ってきました。

私は、正解はひとつだと思っています。ただ、それは鈴愛にとっての正解でなければならない。私に導かれて到達した正解では、ダメなのです。

だから、鈴愛が私に導かれて見つけた正解ではなく、自分自身で迷いなく「こっちだ」と思える正解を発掘したなら、それが正解なのです。本当は、もっと早くその境地に至れるよう、サポートできればよかったのですが、一緒に迷ってしまった。申し訳ない！

プロ同士でネタの貸し借りは、
御法度だ！
いいか、喉から手が出るくらい、
そのアイデアに飢える時が来る。
プロになるっていうのは、
そういうことなんだ。

ネタを貸したほうと、借りたほう、さて、どっちのほうが悪いと思いますか？

「プロ同士でネタの貸し借りは、御法度だ」と言いましたが、私の知らない人が、知らないところでやっていることにまで文句をつけるほど、私はヒマではありません。別にやってもいいじゃない、と思う人は、やればいい。

ただ、弟子がやるのは許せません。この場合、私がより怒っているのは、貸したほう。つまり、『神様のメモ』をアッサリとボクテに貸した、鈴愛です。

みんなには言いませんでしたが、それには深い理由があります。

普通、アイデアは「思いつく」と言いますが、よいアイデアは、一生懸命考えさえすれば出てくる、というものではありません。突然、空から降ってくる、贈り物のようなものです。神様のギフトと考えます。

だとすれば、その人のところに降りてきたのには、きっと何か意味がある。そうは思いませんか？　日頃から潜在的に思っていたことや、何年も前の記憶などが、何かの拍子にカタチになって出てきたかもしれない。そのアイデアは、その人のものなのです。それを、ポンと自分でない人にあげてしまうなんて、ちょっと乱暴すぎやしませんか？

郵便はがき

料金受取人払郵便

銀座局承認

5127

104-8790

627

差出有効期間
平成31年11月
11日まで
※切手を貼らずにお出しください

東京都中央区銀座3-13-10

マガジンハウス
書籍編集部
愛読者係 行

ご住所	〒		
フリガナ		性別	男・女
お名前		年齢	歳
ご職業	1. 会社員(職種　) 2. 自営業(職種　) 3. 公務員(職種　) 4. 学生(中　高　高専　大学　専門) 5. 主婦 6. その他(　)		
電話		Eメールアドレス	

この度はご購読ありがとうございます。今後の出版物の参考とさせていただきますので、裏面のアンケートにお答えください。**抽選で毎月10名様に図書カード(1000円分)をお送りします。**当選の発表は発送をもって代えさせていただきます。

ご記入いただいたご住所、お名前、Eメールアドレスなどは書籍企画の参考、企画用アンケートの依頼、および商品情報の案内の目的にのみ使用するものとします。また、本書へのご感想に関しては、広告などに文面を掲載させていただく場合がございます。

❶お買い求めいただいた本のタイトル。

❷本書をお読みになった感想、よかったところを教えてください。

❸本書をお買い求めいただいた理由は何ですか？

●書店で見つけて　●知り合いから聞いて　●インターネットで見て
●新聞、雑誌広告を見て（新聞、雑誌名＝　）
●その他（　）

❹こんな本があったら絶対買うという本はどんなものでしょう？

❺最近読んでよかった本のタイトルを教えてください。

ご協力ありがとうございました。

勝ちを急ぎましたね？

作品は、生き物だ。いかようにでも育つ。

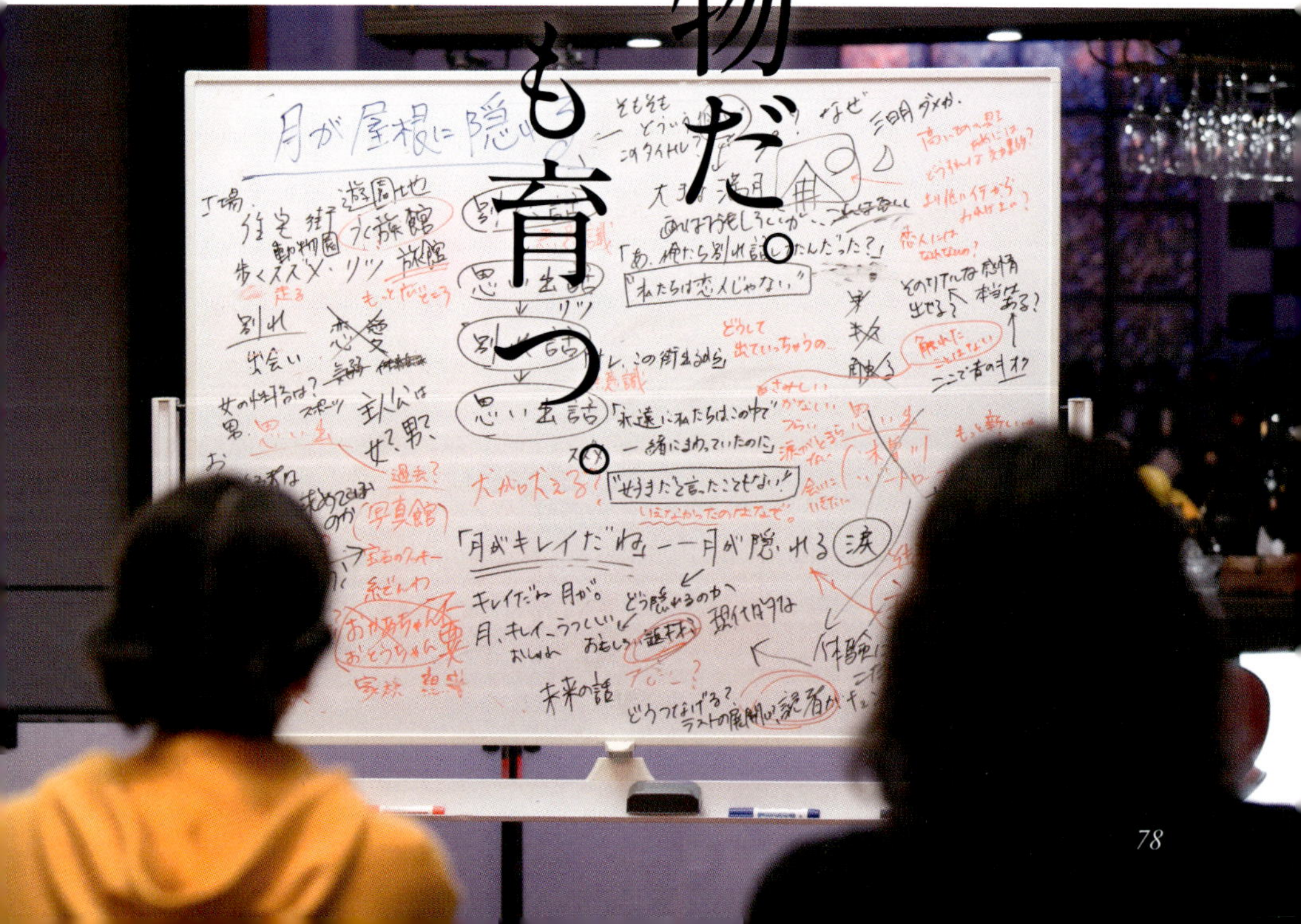

秋風羽織、真実を語る！

アイデアをもらうだけなら、まだ良かった、と思います。

ボクテの犯した最大の罪は、すばらしい才能があるのに、タチの悪い編集者の言うなりになり、ひどい作品を作ったということ。そして、物語の息の根を止めた、ということです。

漫画であれ、小説であれ、物語をつむぐ人は、せっかく自分のもとに降ってきたアイデアを、名作になるはずのものを、自分の手でダメにしてしまわないか、息の根を止めてしまわないか、という恐怖をいつも抱えているはずです。私だってそうです。作品を描き上げるまで、長い時間、ずっとこれで合っているのか、という不安と戦いながら、大事に大事につむいでいく。

これはボクテには言っていませんが、もし、すばらしい名作となり、よい雑誌に掲載されていたら、私に対する裏切りを許すことはできなくても、作品そのものは、すばらしいと評価したと思います。実際、あれから何年も苦しみ続けたボクテは、すでに漫画家をやめていた鈴愛の許可を得て、『神様のメモ』の作品化にもう一度挑戦しました。あれは、本当にすばらしかった。私も、ようやく長年の胸のつかえを下ろすことができました。

秋風先生、見つけた！

「10分で描きあげて！」「次、7分！」「勢いが命！」——そんな声を想像しつつ描かれた秋風先生をご鑑賞ください。秋風LOVEがあふれる本邦初の作品展、開催！

©こばやしあいら

©千弘

©シーナ

©暖簾

©シーナ

©げげた

半分の“青”、見つけた！

連続テレビ小説「半分、青い。」に捧げる視聴者からの“青”シリーズ。甘酸っぱい香りが漂います。彼らは、この先、まだ何が起きるかを知らない……。

©ずっと、青い。

©千弘

©お茶

秋風羽織の教え　3

明日を生きなさい

ダメな人間なんて思わないさ。

あそこは、あのままにしておこう。

せめて、しばらくは……

帰る場所があれば、
小宮も出て行きやすい。

秋風羽織、真実を語る！

私はずっと信じてきました。人は成長する、変わっていく生き物だと。

とはいえ、まさか自分自身がこれほど大きく変わるとは、思っていませんでした。

以前の私は、よりよい作品を描くことだけが大事で、それが人生のすべてでした。

五平餅を食べたいというだけで鈴愛を上京させるほど、他人の人生や気持ちにまったく興味がありませんでした。そして、自分は強い人間だと思っていたのです。

なのに、あの3人のおかげで、自分でも知らなかった自分の姿が次々と引き出されてしまった。陰からそっと援護射撃をしたり、応援をしたり。菱本も言っていたが、今では、まるでいい人みたいです。

ユーコが漫画をやめて結婚をすると聞いたときなどは、父親のような気持ちでした。「ここから、お嫁に行けばいい」という言葉が自分の口から自然に出てきて、彼女の幸せを願って止みませんでした。

初めての感情、初めての経験ばかりで、ときどき不安になります。うまくできているだろうか。彼らをうまく愛せたろうか……。

ジャストマリード……！

人生とは、一方通行だ。

引き返すことは出来ない。

過ぎてしまった真実は、
今の現実に負ける。
人々は、今と、
そしてこれからを生きるのだ。
私たちは、
昨日を生きることはできない。

明日を生きるんだ。

秋風羽織、真実を語る！

私の弟子たちは、3人で集まるたびに、「秋風先生、ずいぶん変わったよね」と噂していているそうですね。私に言わせれば、君たちの成長ぶりこそ、たいしたものです。最後までオフィス・ティンカーベルに残った鈴愛だけは、律くんへの思いにとらわれて、なかなか自由に飛び立てないでいたようですが、鈴愛だって、もう炭水化物要員として上京してきた頃の、鈴愛ではありません。

何でも他人より時間がかかるし、どっちに向かっていくか予測しづらいところはあるが、あの人は、泣いても転んでも強い。今もその強さに磨きがかかっている。そこが楡野鈴愛の強みだ。自分の力で明日に向かう日を、静かに見守りたい、と思います。

SUZUME'S TALK

鈴愛は、２週間遅れて出来上がった原稿を師に差し出した。

本当のことを言ってください。
……つまらないと。
鬼の秋風羽織にまで、気を使わせるようになっては、
私もおしまいです。
先生には、最後まで厳しくいてほしかったです。

……私は、ここに来たときに、秋風羽織を超える、
と思っていました！
悪くても、秋風羽織と同等！
私は、自分を天才だと思っていました。

先生、私は、自分が天才じゃないと、
先生の弟子でいる、意味はない、と思いました。
そうじゃなきゃ、貴重な先生の時間を盗む資格はない。
でも、どんどん、ハードルは下がっていきました。
星占いのカットは描くし、引っ越し屋でバイトはするし、
あげくに、原稿を落とす……。

でも、そのおかげで『月が屋根に隠れる』が、
こんな素敵な作品に、先生と連名なんて、夢みたいです。
これは、私の宝物にします。

この絵、このセリフ。先生には、勝てん。
私は、漫画が好きだ。漫画と言ったら、秋風羽織だ。
私は、がんばっても三流の漫画家にしかなれない。
それだったら、やめたい。
漫画を描いていて楽しいのは、才能のある人だ。
飛べない鳥が、飛べる鳥を見上げながら、下を向くのは、ごめんだ。
人生に曇りの日が増える。
……私は、自分の人生を晴らしたい。
曇り空を晴らしたい。……私は、私の人生を生きる。

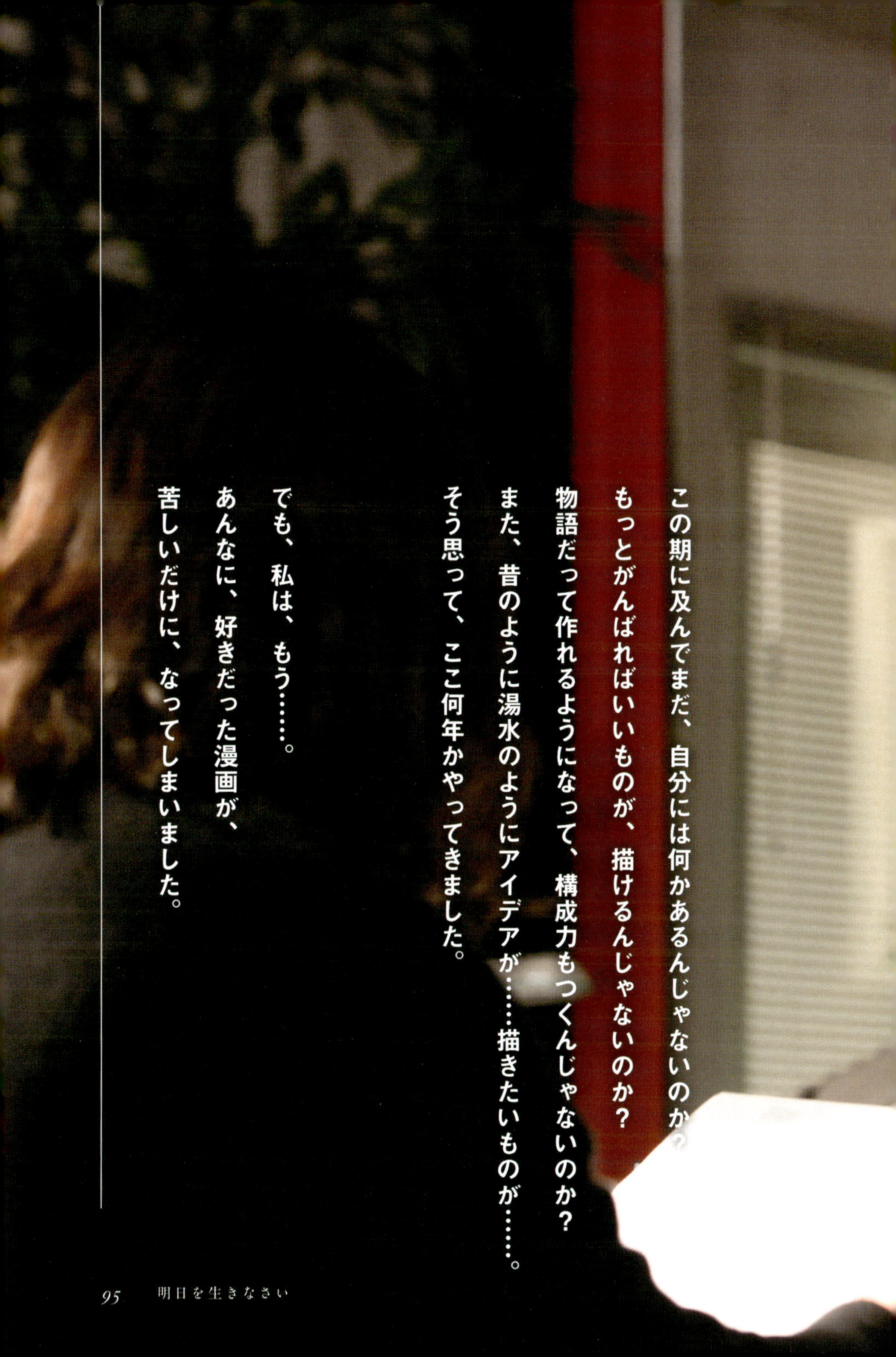

この期に及んでまだ、自分には何かあるんじゃないのか？
もっとがんばればいいものが、描けるんじゃないのか？
物語だって作れるようになって、構成力もつくんじゃないのか？
また、昔のように湯水のようにアイデアが……描きたいものが……。
そう思って、ここ何年かやってきました。

でも、私は、もう……。
あんなに、好きだった漫画が、
苦しいだけに、なってしまいました。

漫画を……。

漫画を、もう、やめたらいいと思います。

ただ、これは私の意見に過ぎません。

あなたの人生です。

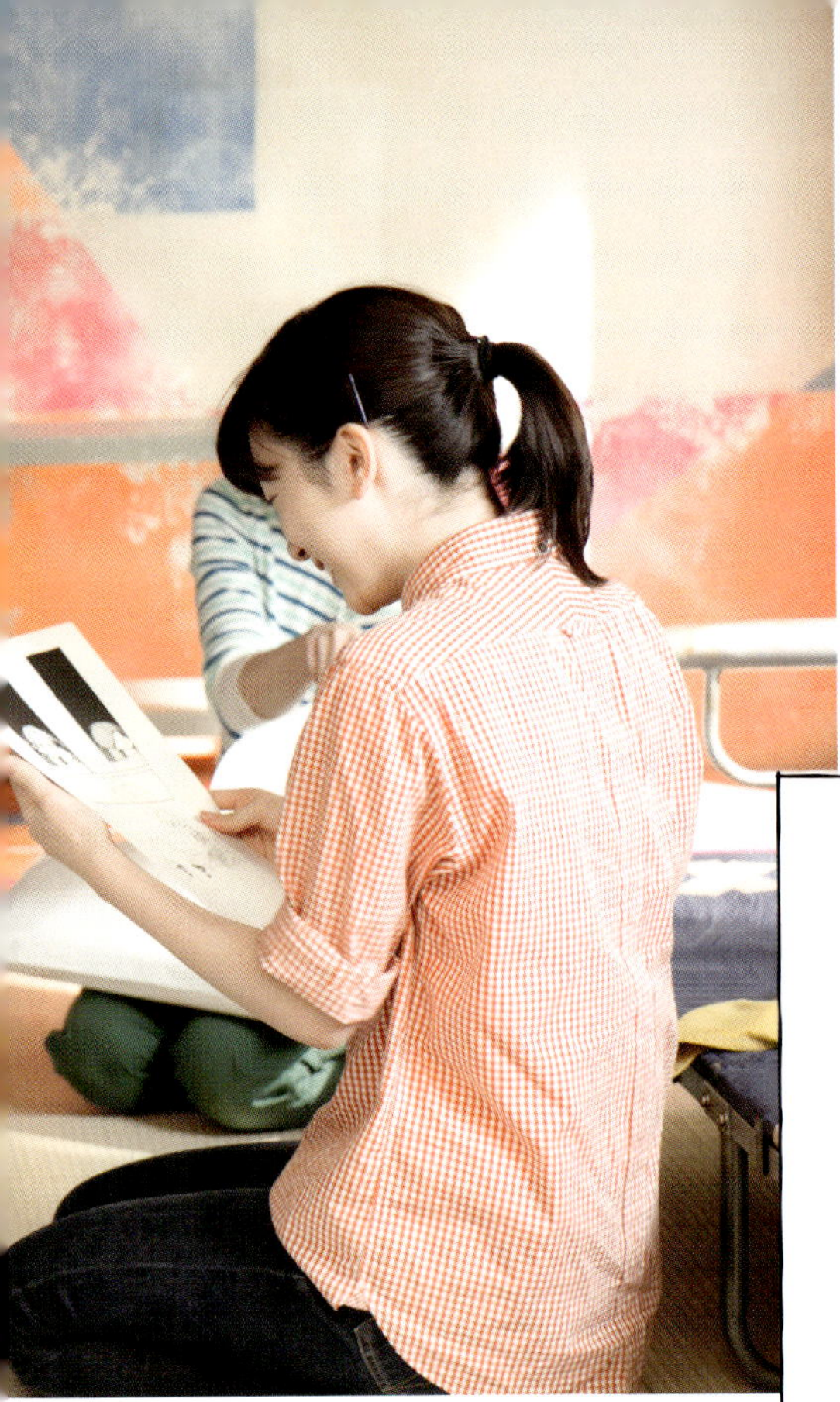

漫画家をやめても、
あなたがここを出ていっても、

あなたを見守らせてください。

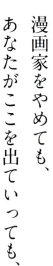

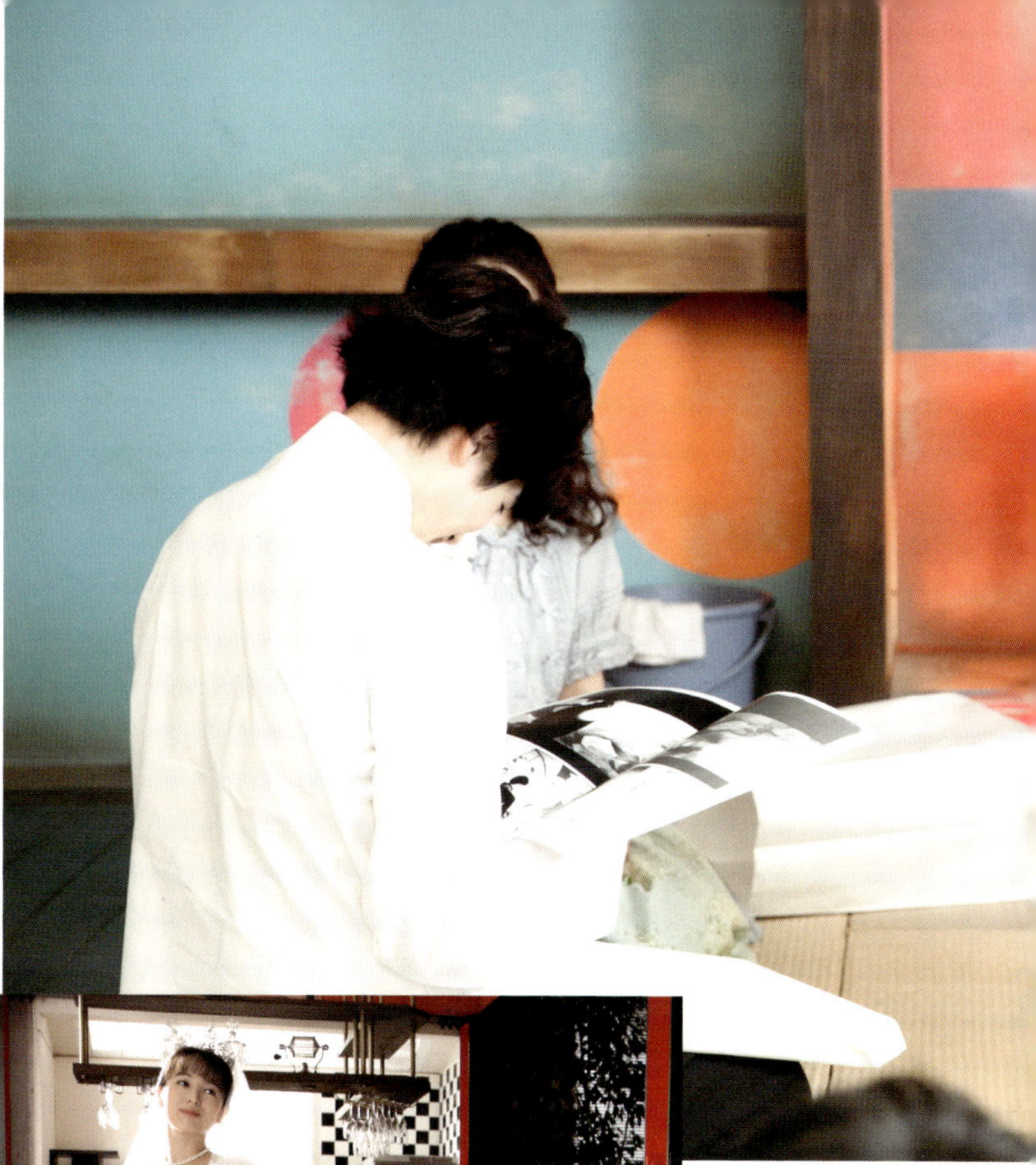

秋風羽織、真実を語る！

あの時の気持ちは、今でも忘れられません。みんな出ていってしまった。私は、余命を意識したとき、本能的に、もっと、ちゃんと、人と深くかかわりたくなったのかもしれません。これほど人を愛することができるとは、思いませんでした。たぶん、愛と言って、いいのだと思います。

旅立っていった君たちを祝福しなければ。

ご心配めさるな。私は、秋風羽織です。ただ見送る人にはなるまい、と思います。

私も、今、ここからが新しいスタートです。

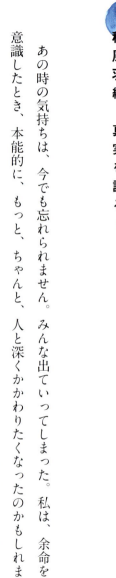

楡野。おめでとう。

人生もまた物語だ。

今日から君は、毎日毎日少しずつペンを入れて、
森山鈴愛という物語を描き続けることになる。
この物語に締め切りはない。

一コマ一コマ、
丁寧に、大切に描きなさい。

ボンボヤージュ。

よい旅を。

人生は希望と絶望の繰り返しです。

私なんか、そんなひどい人生でも、
大した人生でもないのに、そう思います。でも、

人には、想像力があります。
夢見る力があります。

明日を、これからを、
どんなにひどい今日からだって、
夢見ることはできます。

希望を持つのは、
その人の自由です。

もう、ダメだと思うか、いや、行ける、
先はきっと明るい、と、思うかは、
その人次第です。

——鈴愛と律くんには、その強さがあると信じます。

人生で二度、ガンになりまして、生と死は、特別なものではないと思うようになりました。生まれたものは、いつか死ぬ。また生まれて、引き継いでいく。死んだからといって、その人がいなくなるわけではなくて、私たちの心の中で、ずっと生き続けます。ここに、いる。

では、生と死の間にいる私たちは、どう生きていくのか。その答えを探し続けるのが、生きる、ということなのだろう、と私なんかは思います。

いつもポケットに秋風先生

オフィス・ティンカーベルで青春を過ごした弟子たちと、頼れる秘書が秋風先生を語る！

人生を教えてくれた人

楡野鈴愛（スズメ）

今も心のポケットにある、秋風先生の言葉。

秋風先生の言葉で一番記憶に残っているもの？たくさんありますけど、今も私の人生を支えてくれている一番大きなものは、私が漫画家をやめるときにいただいた、「あなたの人生です」という言葉です。

あのときの私は、漫画家としての限界に苦しみ、さらにリツの結婚を知って、壊れかけていました。

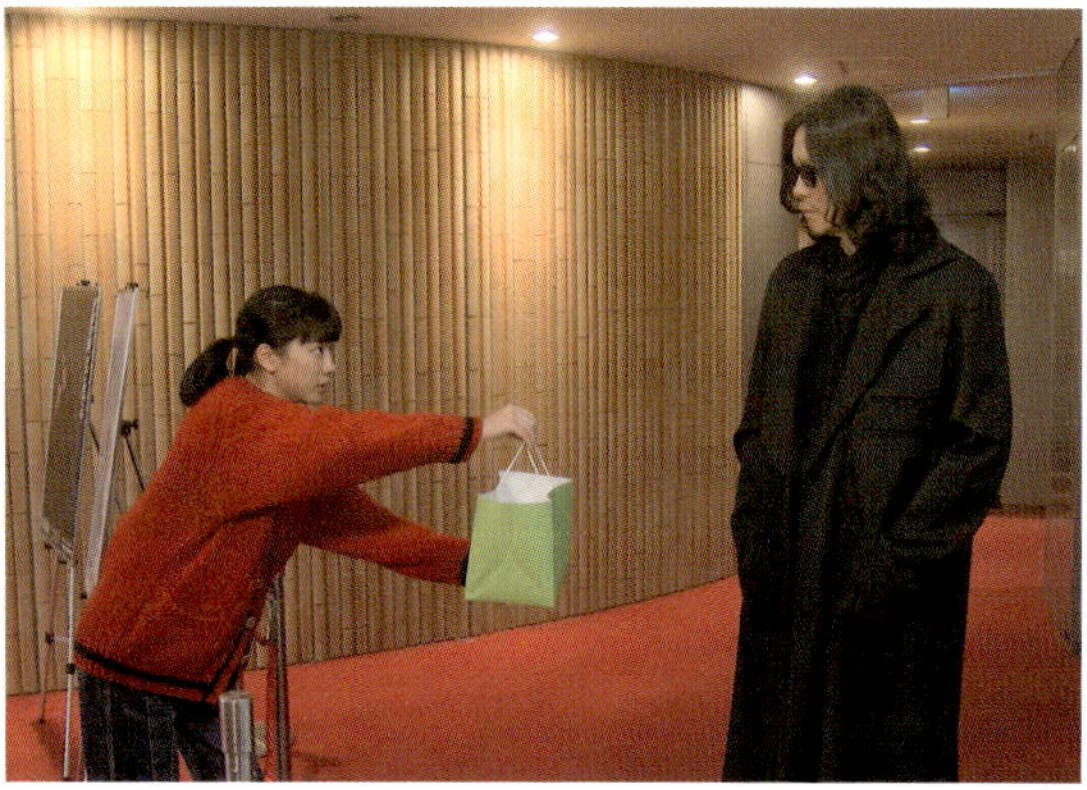

ただ、「先生がやめろと言わない限り、やめられない」という意識だけが強く残っていたんです。
ずっと、秋風先生は私なんて人として見てくれていないんだ、と思っていたけど、そうじゃなかった。サングラス越しで目はよく見えなかったけど、「あなたの人生です」と、少し涙まじりの声で言われたとき、ああ、先生は私のことを一人の人間として見て、そう言ってくださっているんだと、はっきりわかりました。
それでようやく、「誰になんと言われても、自分の人生を生きよう」「もう、ここにいなくていいんだ」と、自分の気持ちに結着をつけることができたんです。

いつも思う。秋風先生なら、どんな言葉をくれるんだろう？

先生は漫画の師匠でもあるけれど、私の人生の師

でもあります。先生のもとを離れてからも、何かあると、「先生の言葉を聞きたい」と思っていました。

映画監督を目指すリョウちゃんが、映画を撮るために「別れよう」と言ったときも、秋風先生なら、リョウちゃんにどんな言葉をかけるだろう、私にはどんな言葉をくれるんだろうと思ったり。

今も、会いたいです。メチャクチャ！

だけどその一方で、どんなに大変でも、悲しくても、子供を育てていかなくちゃ、前向きに生きていかなくちゃ！　そうでないと、秋風先生に叱られる。とも思うんです。

私には、あのすごく大変な漫画家時代で身につけた、何があってもくじけない強い心がある！　だから、頑張れる！　これも、秋風先生にもらったスズメの宝物です。秋風先生、また会う日まで元気でいてくださいね！

もう一人の父

浅葱裕子（ユーコ）

秋風先生の言葉は、最高の宝物です。

両親とうまくいってなくて、父の愛を知らずに漫画家になった私にとって、秋風先生は「お父さんの愛とは、こういうものなんだ」と初めて感じさせてくれた人。漫画の師匠であると同時に、もう一人の「父」なんです。

私が求めていたのは、漫画ではなく「居場所」なんだと見抜いていて、漫画をやめて結婚するときも、「お相手を連れておいで。ここから、お嫁に行けばいい」と言ってくれましたよね。涙が出るほどうれしかった。

他にもいっぱい、素敵な言葉、胸にズシンと来る

言葉があるんだけど、やっぱり私には、この言葉が最高の宝物です。
秋風先生はあまり人と深く関わらないタイプだったけど、鈴愛が来て、少しずつ変わっていきましたよね。人間らしさも、やさしさも、ちゃんと私たちに伝えてくれるようになりました。たまにサングラスからあふれ出てくる笑顔が本当にキュートで、たまらなく好きでした。
秋風ハウスから私たち3人がみんないなくなって、先生、きっとものすごく寂しいと思います。
私も子供が生まれて、鈴愛のとこも生まれて、ボクテにも彼氏ができたので、それぞれ自分の大切な家族やパートナーを連れて、実家に帰るような気持ちで会いに行きたいです。そして、秋風先生を笑顔にしてあげたい。いいですよね、秋風先生！

永遠の師

藤堂 誠（ボクテ）

今だからこそわかる、秋風先生の凄さ。

僕にとって、秋風先生は永遠の師です。自分で言うのも何だけど、僕も今では、何本もの連載を抱える、売れっ子漫画家の一人でしょ。担当編集者さんの中には、「もうすっかり、師匠を超えましたね」なんてお世辞を言う人もいるんです。でも、僕はそんなこと、1ミリたりとも思ったことがありません。

むしろ、漫画家としてのキャリアを積めば積むほど、一切妥協せず、漫画に命を捧げる秋風先生の凄さを思い知らされています。

秋風先生の存在自体が、常に上を目指そうという、

僕のモチベーションです。僕は今でも、秋風先生の背中を追いかけ続けているんですよ。

いつまでも、漫画を描き続けてほしい。

秋風先生は、あまり多くを語らないけど、裏では僕たち3人の弟子のことを、ものすごく気遣ってくれている、とてもやさしい包容力のある方です。男として、憧れます。だけど、仕事のためにあえて孤独を選んでいるようなところがあるでしょ。それが少しだけ心配です。

僕としては、秋風先生には、いつまでも、どんなカタチでもいいから、漫画を描き続けていてほしい。そのためにも、誰か先生を支えてくれる人がいればいいのにな、と思います。

神に選ばれた天才

菱本若菜

3人の弟子を迎え、徐々に変わっていった秋風。

秋風の魅力ですか？

あの通り偏屈で気むずかしいところはありますが、私は、漫画家としての才能を理解し、支えてきたつもりです。

秋風塾の3人の弟子たちによって、先生、変わりましたよね。驚きました。

律くんや鈴愛ちゃんが、岐路に立っているときも、秋風、ほうっておけなくて、時折、アドバイスをしていましたよね。

彼らの師匠であり、いつしか、父親のような存在になっていったんですね。

ああ、あの頃が懐かしい……涙。
秋風があんなに心を動かされ、怒ったり、心配したり、見ていて本当に飽きませんでした（笑）。

心から尊敬する先生、いつまでも支え続けていきたい。

とにかく、秋風は、漫画の神様に選ばれた天才。漫画を描いて多くの人を幸せにする使命を持った人です。そんな先生の描く姿勢、漫画に対する情熱を私は、心から尊敬しています。

出来ることなら支え続けていきたいと思っております。今まで通り、言いにくいことも切り込んで（笑）、程よい距離感で参りたいと。

豊川悦司さん

Etsushi Toyokawa

スペシャルインタビュー

私が演じた少女漫画家・秋風羽織は、大人であり子供であり、クールであるけれどホットでもある。そんな両面性を持っていて、さじ加減が難しい役どころだったのですが、北川ワールドが全開で、「今度はそうきたか」と興味が湧きました。

私が知っている連続テレビ小説とは一味違う、チャレンジ色が強い内容でもあったので、どう立体化していくのかという単純な興味に加え、これを視聴者の方がどうご覧になるのかなという好奇心もありました。

偏屈なキャラクターを演じるにあたっては、

ある映画監督をモデルに考えたんですが、北川さんも同じイメージだったらしく、朝からロン毛にサングラスはどうかと思いつつ、あえてそのままに。私が出演するパート(東京・胸騒ぎ編)は、北川さんの作家論であったり、芸術論だったと思うのですが、秋風は、その本質を伝えようと、言葉の選択を変えていろんな場面で若い弟子たちに浴びせる。まるで「愛と青春の旅立ち」の鬼軍曹のように。あれは、北川さんの心の叫びです。鈴愛、ボクテ、ユーコたちがその秋風の言葉を受けて成長していくわけですが、そこはスポ根的なところですよね。

共感できるセリフもたくさんありました。ただ、すごくいいセリフを言っているのに、途中で止められる(笑)。真面目に話しているのに、最後にオチがあるシーンがいくつもあって、共演者には「報われない長ゼリフ」と言われていました。

今回、北川さんは、自分の思いは秋風に託して、鈴愛や律、ユーコ、ボクテたちのことは、俯瞰《ふかん》して書いている気がしますね。登場はしないけれど、庇護《ひご》者のような視点が裏側に隠れているようなセリフや行動があり、若者への愛情を感じました。久しぶりに北川さんと一緒にお仕事をしましたが、そこは以前の北川さんと違うところかもしれません。そして、鈴愛が秋風に最初に見せた鉛筆書きの漫画、「神様のメモ」の世界がストーリーに重なっていく展開も、北川さんらしくて、さすがだなと思います。リアルさを失うことなく、素敵な話になるんでしょうね。

北川悦吏子さん

Eriko Kitagawa

Photo by LESLIE KEE

スペシャルインタビュー

朝ドラを書くと決まり、『半分、青い。』という物語をやる、となったとき、ヒロインの師匠で少女漫画家、そして、ちょっといっちゃってる人、という役柄が漠然とあって、これは豊川悦司さんにやってもらえたら絶対に面白いに違いないと思ったんです。

完全にアテ書きしていたので、もし、断られたらどうしようと思ってました（笑）。

豊川さんにお引き受けいただいて、まず最初にやったのは、「秋風羽織とはどういう人か？」というイメージのすり合わせです。

私は朝ドラは初めてだったので、15分という時間で見せるなら、わかりやすいキャラのほうがいいのかな?と思い、もっとハチャメチャで、ギャグマンガのようなキャラを想定していたんです。お菓子が大好きで、いつも編集さんをいじめて楽しんでいるようなね。ところが、そこまでハチャメチャじゃなくても、いつもの北川さんらしい、ナチュラルでクールな感じでもいいんじゃない?と言われて、ああ、そうかもな、と。

そこで、1カ月半くらいじっくり時間をかけてイメージをすり合わせ、今のような、スタイリッシュな秋風羽織にマイナーチェンジしていったんです。長髪、黒い服、サングラス、富士山より西へ行くときは着物、というのも、豊川さんのアイデアなんですよ。

豊川さんはいつもすごく深い役作りをされ

る方で、以前、耳が聞こえない画家の役をされたときは、耳栓をして手話もマスターし、画家ということでパリまで行かれてました。今回も、撮影が始まったときには完全に秋風羽織になっていて、セリフも完璧。手の動きも背中も、立ち姿もすごく計算されている。豊川さんとはもう長いお付き合いなので、秋風羽織は互いの信頼関係があってできあがった役かな、と思っています。すごくうれしいし、ありがたいですね。

豊川さんがずっとおっしゃっていたのは、「これ（秋風羽織のセリフ）、全部、北川さんのクリエイターとしての本音だよね」ということ。実際、モノをつくることへの考え方は、すべて秋風羽織に託していました。たとえば、リアルを大事にするとか、悲しいことから逃げるな、とかね。秋風羽織が女性ではなく男性で、自分とはまったく違うビジュアルで、ものすごくデフォルメされた役だから、そして豊川さんだから、安心して託すことができました。

でも、これだけ秋風羽織が大ブレイクするとは、思っていませんでした。

そもそも、『半分、青い。』は、実在の人物がモデルで、戦争を挟んだ時代を舞台にして、という朝ドラの王道みたいなものを、すべて外しているんです。主人公の鈴愛は1971年生まれだし、秋風羽織は変人で黒い服着てサングラスとかね（笑）。でも、プロデューサー・監督をはじめ、みなさんが面白がってチャレンジしてくださって、私が「これ、当たらないかも」と言ったら、「え、今さらですか？　もう、北川さんの船に乗りましたから」「覚悟してますから」とおっしゃってくださっていたくらいなんです。

ところが、フタをあけてみたらとても好調で、秋風羽織の本名が美濃権太だとわかったときには、ネットの検索キーワードのトップに上がったりもしてビックリ。秋風羽織も、本当に歯に衣着せぬ、この世の本音を語ったりするような朝ドラ的にはとても衝撃的なキャラなのに、あんなに多くの視聴者の方に賛同していただき、愛していただいて、とてもうれしいです。豊川さんをはじめ、俳優さんたちのお芝居がまた素晴らしかった。ラストのほうはかなり衝撃的ですから、どんな反響をいただくのか、ちょっと覚悟しつつ、とても楽しみにしています。

（2018年8月）

NHK連続テレビ小説

半分、青い。

2018年4月2日～9月29日

作／北川悦吏子

制作統括／勝田夏子

プロデューサー／松園武大

演出／田中健二　土井祥平　橋爪紳一朗

音楽／菅野祐悟

主題歌／星野源「アイデア」

語り／風吹ジュン

劇中漫画原作（秋風）／くらもちふさこ

[Special thanks]

北川悦吏子

豊川悦司

永野芽郁

清野菜名

志尊淳

井川遥

くらもちふさこ

（敬称略）

[編集協力]

アミューズ

アルファアエージェンシー

エフ・エム・ジー

太田プロダクション

集英社

スーパートランプ

スターダストプロモーション

ステッカー

トップコート

ワタナベエンターテインメント

NHKエンタープライズ

（五十音順）

[書籍制作]

カバー・本文デザイン／ソウルデザイン

DTP制作／センターメディア

取材・文／城所知子

P.14 肖像画／長友心平

P.101-102 イラスト／くらもちふさこ「糸のきらめき」（集英社刊）

＊８ページで紹介している秋風羽織の代表作「いつもポケットにショパン」「A-Girl」「海の天辺」は、
実際にはくらもちふさこ先生の作品です。

秋風羽織（あきかぜ・はおり）

少女漫画家。詳細は冒頭ページにて紹介。

北川悦吏子（きたがわ・えりこ）

脚本家・映画監督・エッセイスト。1992年、「素顔のままで」で連続ドラマの脚本デビュー。その後、数々のヒット作を手掛けて、「ラブストーリーの神様」と呼ばれる。2000年には「ビューティフルライフ」で向田邦子賞、橋田賞を受賞した。主なドラマ作品に「あすなろ白書」「愛していると言ってくれ」「ロングバケーション」「オレンジデイズ」「たったひとつの恋」「運命に、似た恋」「半分、青い。」など、映画脚本監督作品に「ハルフウェイ」「新しい靴を買わなくちゃ」など。

秋風羽織の教え　人生は半分、青い。

2018年9月6日　第1刷発行

著者　**秋風羽織／北川悦吏子**

発行者　**石﨑 孟**

発行社　**株式会社マガジンハウス**

〒104-8003 東京都中央区銀座3-13-10
書籍編集部　☎ 03-3545-7030
受注センター　☎ 049-275-1811

印刷・製本　**凸版印刷株式会社**

ブックデザイン　**鈴木大輔・仲條世菜（ソウルデザイン）**

マガジンハウスのホームページ http://magazineworld.jp/

ISBN978-4-8387-3020-9 C0095